BEI GRIN MACHT SICH IHR WISSEN BEZAHLT

- Wir veröffentlichen Ihre Hausarbeit, Bachelor- und Masterarbeit

- Ihr eigenes eBook und Buch - weltweit in allen wichtigen Shops

- Verdienen Sie an jedem Verkauf

Jetzt bei www.GRIN.com hochladen und kostenlos publizieren

GRIN

Umwelt, Ethikkonzepte und Nachhaltigkeit im Sport

Johannes Kölmel

Bibliografische Information der Deutschen Nationalbibliothek:

Die Deutsche Nationalbibliothek verzeichnet diese Publikation in der Deutschen Nationalbibliografie; detaillierte bibliografische Daten sind im Internet über http://dnb.d-nb.de abrufbar.

ISBN: 9783346386854
Dieses Buch ist auch als E-Book erhältlich.

Druck und Bindung: Books on Demand GmbH, Norderstedt Germany
Gedruckt auf säurefreiem Papier aus verantwortungsvollen Quellen

Das vorliegende Werk wurde sorgfältig erarbeitet. Dennoch übernehmen Autoren und Verlag für die Richtigkeit von Angaben, Hinweisen, Links und Ratschlägen sowie eventuelle Druckfehler keine Haftung.

Das Buch bei GRIN: https://www.grin.com/document/1005537

Einsendeaufgabe

Alternative C

Umwelt, Ethikkonzepte und Nachhaltigkeit im Sport

online eingereicht am 18.09.2020
Modulverantwortlicher Hochschulleiter:

SRH Fernhochschule

Modul: Ausgewählte Probleme des Sportmanagements
Studiengang: Sportmanagement (B.A.)

von

Johannes Kölmel

Studiengang: Sportmanagement (B.A.)

Inhaltsverzeichnis

Abkürzungsverzeichnis

bspw.	beispielsweise
bzw.	beziehungsweise
ca.	circa
CO_2	Kohlenstoffdioxid
DFB	Deutscher-Fußball-Bund
etc.	et cetera
FIFA	Federation International Football Association
IOC	Internationales Olympisches Komitee
Jhd.	Jahrhundert
ÖPNV	Öffentlicher Personennahverkehr
UN	United Nations
vgl.	vergleiche
WM	Weltmeisterschaft

C1 – Ethische Problemfelder im Bereich der Umwelt

Kommerzialisierung trägt im Sportbereich zur Entstehung von Problemfeldern im Umweltbereich bei. Der Begriff Kommerzialisierung beschreibt „die Expansion des Marktes und die Handlungslogik des Marktes in gesellschaftliche Bereiche, die bis dahin nach einer anderen Handlungslogik organisiert waren." Speziell auf den Sport bezogen beschreibt Kommerzialisierung „einen Prozess, in dem sport-bezogene Güter in zunehmendem Maße über den Markt, also auf Basis des Tauschprinzips, verkauft werden."[1] Das heißt, der Verein und dessen Angebote stehen nicht mehr nur den Vereinsmitgliedern zur Verfügung, sondern werden auch an Nicht-Mitglieder verkauft, wie bspw. Stadiontickets, Fanartikel etc. Nachdem die begriffliche Definition geklärt ist, werden die Ursachen, warum Kommerzialisierung zur Belastung der Umwelt führt, beleuchtet. Die Kommerzi-alisierung trägt dazu bei, dass viele Sportarten sich zu großen Wirtschaftszwei-gen entwickelt haben. Aufgrund des steigenden Interesses werden immer mehr Sportanlagen gebaut und Sportveranstaltungen finden statt. Ein Beispiel ist der Fußball, welcher mittlerweile eine Vielzahl an Jobmöglichkeiten bietet, sowie im-menses Interesse bei einem Großteil der Bevölkerung hervorruft. Daraus ergibt sich, dass sehr viel Geld im Umlauf ist, was den Sportvereinen sowie -verbänden ermöglicht, die Sportanlagen ständig auszubauen und zu vergrößern. Somit wer-den auch die Sportveranstaltungen in einem größeren Rahmen ausgetragen, was mit großen Schäden für die Umwelt verbunden ist. Hier kollidieren das spor-tive und finanzielle Interesse mit den Interessen der Natur und des Umweltschut-zes. Die daraus entstehenden ökologischen Folgen werden nachfolgend aufge-listet:[2]

→ hoher Energie- und Wasserverbrauch
→ großer Materialaufwand bei Neubau
→ Bodenverfestigung
→ Produktion von Schadstoffen
→ ästhetische Entwertung des Landschaftsbildes
→ Problem der Altlasten (Asbest, PCB)
→ Landschaftsverbrauch
→ Verwendung aggressiver Pflegemittel

[1] Balz, E., Borchardt, K. (2009), S. 230
[2] Vgl. Seewald, F., Kronbichler, E., Größing, S. (1998), S. 173

Zudem benötigen große Sportanalgen eine gewisse Infrastruktur, damit sie leicht zugänglich sind. Das bedeutet, der Bau einer Sportanlage umfasst ebenso den Bau von großen Parkplätzen und -häusern, neuen Straßen sowie sonstigen Verbesserungen der Infrastruktur, was insgesamt wiederum eine Vielzahl an negativen Konsequenzen für die Natur bedeutet. Nachdem der Bau einer Sportanlage abgeschlossen ist, wird sie zur Austragung von Sportveranstaltungen genutzt. Solche Veranstaltungen beinhalten ebenfalls großes Konfliktpotenzial in Bezug auf die Umwelt. Anhand eines Spiels der ersten Fußballbundesliga lassen sich die umweltschädlichen Folgen einer Sportveranstaltung geeignet aufzeigen. Durchschnittlich besuchen 39.111 Zuschauer ein Fußballspiel in Deutschland.[3] Die Vereine werben mit kombinierten Eintrittskarten, was bedeutet, dass mit dem Kauf eines Stadiontickets ein kostenloses ÖPNV-Ticket für den Spieltag integriert ist. Dennoch fahren laut einer Fan-Befragung rund 70 Prozent mit dem Auto zum Stadion, was einen enormen Ausstoß von schädlichen Emissionen bedeutet. Hinzu kommt das benötigte Personal für Sicherheit, Catering und Organisation, welches in den Zuschauerzahlen nicht berücksichtigt ist und ebenfalls Emissionen auf dem Weg zum Austragungsort verursacht. Zudem konsumieren die meisten Stadionbesucher jedes Spiel Speisen und Getränke, was zu einer erheblichen Müllproduktion führt. Zusammengerechnet sind ca. 400.000 Menschen jedes Wochenende im Fußballstadion, was eine CO_2-Produktion von 120 Tonnen zur Folge hat. Dieser Wert entspricht dem, was zehn Bundesbürger durchschnittlich pro Jahr verursachen.

Außerdem ist durch die Kommerzialisierung der Verkauf von Fanartikeln deutlich populärer geworden. Das Problem besteht darin, dass die Herstellung der Fanartikel mit starken Umweltbelastungen einhergeht. Je mehr Fanartikel verkauft werden, desto größer ist der Schaden für die Umwelt.[4]

Zu den weltweit größten Sportveranstaltungen zählen die sogenannten Mega-Sport-Events wie Olympiade oder WM. Sie liefern ebenso großen Diskussionsstoff im Hinblick auf die Umwelt. Die Organisation und Durchführungen dieser Events kosten mehrere Milliarden Euro, wie bspw. die Sommerspiele in Rio. Hier wurden 4,1 Milliarden Euro zur Umsetzung benötigt. Es wurde die Infrastruktur verbessert, Wohnsiedlungen abgerissen und die Familien zwangsumgesiedelt.

---

[3] Vgl. Statista (2020a), (28.08.20, 11:56)
[4] Vgl. deutschlandfunk (2019), (30.08.20, 17:17)

Nur somit konnte genügend Platz für neue Stadien geschaffen und genügend Hotels und weitere Unterbringungsmöglichkeiten den Athleten und Zuschauern zur Verfügung gestellt werden. Außerdem wurde ein innerstädtisches Naturreservat in einen Golfplatz verwandelt.[5] Zahlen der Winterspiele 2014 in Sotschi liefern ein weiteres Beispiel für große Umweltschäden. Es wurde eine Verkehrsstraße zur Verbesserung der Infrastruktur gebaut, wofür 242.561 Bäumen gefällt werden mussten. Die Anreisen zu den Sportstätten erfolgten oftmals per Flugzeug, was einen starken CO_2-Ausstoß bedeutete.[6]

Diese Beispiele zeigen die erheblichen Eingriffe in die Natur, welche oftmals negative Konsequenzen für die Vegetation und Böden haben sowie die riesigen Stadien und Hotelbauten, welche nach den Events oftmals leer stehen und nicht genutzt werden.

Die Sportbranche verbindet Menschen, bereitet sehr viel Spaß und hat sich zu einem großen Wirtschaftszweig entwickelt. Die Frage ist, wie sich diese ethische Problemstellung lösen lässt und welche Herausforderungen dabei bestehen. Im folgenden Abschnitt wird sich dieser Frage gewidmet und mit Hilfe eines Praxisbeispiels näher darauf eingegangen.

Der Sport kann durch seine hohe Attraktivität und das positive Image dazu beitragen, dass die gesellschaftspolitische Akzeptanz des Naturschutzes aktiv gefördert wird. Zudem können die Vereine und Verbände ihre Handlungs- und Zukunftsfähigkeit ausbauen. Hierbei können Kooperationen zwischen den Sportvereinen sowie -verbänden und Naturschutzorganisationen hilfreich sein, um Konflikte in Zukunft zu vermeiden und das eigene Umweltprofil zu erweitern. Es bestehen bereits eine Vielzahl an Kooperationen, wie bspw. „Sport bewegt – biologische Vielfalt erleben" etc., wobei die Umsetzung der sportbezogenen Inhalte der Nationalen Strategie zur biologischen Vielfalt fokussiert wird.[7]

Ein Praxisbeispiel liefert der Fußball, welcher Menschen in Bewegung setzt und sie begeistert sowie Teamgeist und Spaß fördert. Fußball findet im Freien statt und deshalb setzt sich der DFB mit der Frage auseinander, wie die natürlichen Lebensgrundlagen für die aktuelle und die künftigen Generationen bewahrt werden können. Der Umweltschutz wurde in die eigene Satzung integriert, um als

---

[5] Vgl. reportage.daserste (2020), (30.08.20, 17:42)
[6] Vgl. energiezukunft (2018), (30.08.20, 18:06)
[7] Vgl. bisp-sportinfrastruktur (2020), (31.08.20, 9:34)

Vorbild voranzugehen und einen Beitrag zu mehr Kosteneffizienz zu leisten sowie das Image des Fußballs zu stärken. Zur Umsetzung entwickelte der DFB die Umweltprogramme „Green Goal 2006 und 2011" und den „Umweltcup 2012". Hiermit wurden erste Ansätze verfolgt, den Fußball umweltfreundlicher und zukunftsfähiger zu machen. Mittlerweile gibt es eine „AG Umwelt", die darauf abzielt, weitere Umweltaktivitäten in die Wege zu leiten. Bspw. soll die Steigerung der Energieeffizienz in Vereinen Energiekosten einsparen, den Qualitätsstandard der Sportstätten erhöhen sowie einen Beitrag zum Klimaschutz leisten. Insgesamt ist es das Ziel, mit Informations- und Beratungsangeboten als Vorbild zu fungieren und den Bereich Umwelt- und Klimaschutz mit aktiven Maßnahmen zu unterstützen.[8]

Ebenso ist die Fußballbundesliga sich ihrer Verantwortung bewusst und möchte aktiv die Umwelt unterstützen. Die Clubs setzen hinsichtlich des Umweltaspekts Schwerpunkte bei Einsparung und Erzeugung von Energie, bei effizienterer Nutzung von Wasser, bei Reduzierung von Emissionen und Abfall sowie beim Bau neuer Stadien und Clubanlagen. Die problemlösenden Maßnahmen sind Photovoltaikanlagen, die umweltfreundlichen Strom erzeugen, der Bau von Brunnen und Regenwasserzisternen zur Reduzierung des Trinkwasserverbrauchs, Abfallrecycling und sämtliche Aktivitäten bezüglich der Senkung des Energieverbrauchs. Die Bundesliga zählt mittlerweile 50 Umweltprojekte, das sind durchschnittlich drei pro Team. Das zeigt, dass das Thema Nachhaltigkeit und Umweltschutz bereits eine große Rolle spielt. Genauso wie der DFB hat die Bundesliga großen Einfluss auf die Gesellschaft, welcher genutzt werden soll, um die Zuschauer für einen besseren Umgang mit der Umwelt zu sensibilisieren.[9]

Außerdem bestehen in der Sportartikelindustrie bereits Konzepte, die einen positiven Effekt auf die Umwelt und Natur haben. Ein Beispiel ist das Unternehmen „FENC" (Far Eastern New Century), die zusammen mit „Adidas" Schuhe und Kleidung aus Ozeanplastik fertigen. Zudem waren sämtliche Fußballtrikots der amerikanischen Liga, sowie die von Bayern München, Juventus Turin, Real Madrid und Manchester United komplett aus wiederaufbereiteten Plastikabfällen aus dem Ozean. Somit konnte abgewandt werden, dass 1.000 metrische Tonnen Plastik unsere Meere verschmutzen.[10] Das zeigt, dass auch die

---

[8] Vgl. dfb (2020), (31.08.20, 9:50)
[9] Vgl. s.bundesliga (2013), (31.08.20, 15:56)
[10] Vgl. ispo (2018), (31.08.20, 16:06)

Sportartikelindustrie große Potenziale aufweist, Maßnahmen für den Umwelt-schutz einzuleiten.

Abschließend sind die Herausforderungen zu nennen, welche bei der Umsetzung und Durchführung von Projekten und Maßnahmen hinsichtlich des Umwelt- und Naturschutzes für die Sportbranche auftreten.

Es ist festzuhalten, dass die Sportbranche bereits Projekte und Maßnahmen in die Wege geleitet hat, welche aktiv die Umwelt schützen und positiv beeinflussen. Dennoch werden diese Projekte größtenteils von großen Vereinen, Verbänden und Unternehmen ins Leben gerufen, da die Umsetzung oftmals sehr teuer ist. Das hat zur Folge, dass Vereine aus sämtlichen Sportarten, denen keine großen finanziellen Möglichkeiten zur Verfügung stehen, sich an Umweltprojekten nicht beteiligen können.

Zudem findet sich der Umweltschutz bei vielen Vereinen noch nicht an erster Stelle in der Prioritätenliste, und das Geld wird anderweitig investiert, um neue Spieler zu kaufen oder die Trainingsmöglichkeiten zu optimieren. Hier kann nur ein Veränderungsprozess hervorgerufen werden, indem sich immer mehr Ver-eine an Projekten und Initiativen für die Umwelt beteiligen, die anschließend öf-fentlich beworben und vermarktet werden, um die Sichtbarkeit zu erhöhen und das Bewusstsein positiv zu beeinflussen. Zusätzlich besteht für Vereine und Ver-bände die Möglichkeit, Fördergelder für Umweltprojekte bis zu 30.000 Euro an-zufordern, die als Unterstützung bei der Finanzierung dienen.[11]

Schlussfolgernd lässt sich sagen, dass sich die Sportbranche durch die Folgen der Kommerzialisierung zu einem großen Wirtschaftszeig entwickelt hat und eine große Kaufkraft darstellt. Somit werden ständig neue und größere Stadien und Sportanlagen entstehen, was grundlegend viele negative Folgen für die Umwelt bedeutet. Dennoch gibt es genügend Bereiche, bei denen ausreichend Potenzial besteht, die Umwelt und Natur positiv zu beeinflussen. Die Wichtigkeit der The-matik ist bereits einigen Vereinen bekannt, die als Vorbild vorangehen, Projekte durchführen und Maßnahmen getätigt haben. In der Zukunft gilt es, das Thema Umwelt noch populärer zu machen, damit alle Teilnehmer der Sportbranche das Bewusstsein und den Willen haben, die Umwelt zu unterstützen und möglichst klimaneutral zu agieren.

---

[11] dosb (2009a), (01.09.20, 10:27)

C2 – Ethikkonzepte im Sport

Sportethik definiert einen Bereich der Ethik, welcher moralische Normen und Prinzipien einer kritischen Reflexion und Begründung unterzieht. Diese Normen und Prinzipien beruhen auf dem menschlichen Handeln in Sport und Sportwissenschaften. Hier zu nennen sind: Regeln, Fairness, Doping, Gewalt, Betrugshandlungen etc.[12] Hierbei kann zwischen vier Ethikkonzepten innerhalb des Sports unterschieden werden, welche nachfolgend aufgelistet und näher erläutert werden:

→ christliche Ethik des Sports

→ somatische Ethik des Sports

→ pädagogische Ethik des Sports

→ koexistentiale Sportethik

Aufgrund der vielen verschiedenen theoretischen Ansätze im Bereich der Sportethik lassen sich diese Konzepte mit Hilfe einer weiteren Systematisierung in objektivistische, subjektivistische und konventionalistische Ansätze unterteilen. Je nachdem, welchen Ansatz die jeweilige Ethik verfolgt, wird das unmoralische Handeln unterschiedlich interpretiert. Bei einem objektivistischen Ansatz wird der Verstoß gegen eine moralische, als gegeben angenommene Tatsache, als unmoralisch betrachtet. Der subjektivistische Ansatz definiert einen Verstoß gegen die inneren Empfindungen der einzelnen moralischen Individuen als unmoralisch, hingegen der konventionalistische Ansatz als unmoralische Handlung einen Verstoß gegen die gesellschaftlich gültigen Regeln einstuft.

Die christliche Ethik basiert auf biblischen Quellen sowie dem Glauben an einen übernatürlichen Gott und ist als objektivistischer Ansatz einzustufen. Somit wird eine Handlung als unmoralisch eingestuft, wenn sie nicht den christlichen Lebensregeln entspricht, woraus sich die Unantastbarkeit, Würde und Werte des Menschen ergibt. Eingehend auf den Begriff der Sportethik ist festzuhalten, dass der Sport nicht als Ersatzreligion angesehen werden darf, da ansonsten die Unantastbarkeit, Würde und Werte des Menschen abhängig vom sportlichen Erfolg wären und Schädigungen der Gesundheit oder Einschränkungen der Persönlichkeitsentfaltung zur Folge hätten.[13]

---

[12] Vgl. information-philosophie (2020), (01.09.20, 11:56)
[13] Vgl. Metz, Dr. S. (2018), S. 12

Ein Interview mit Per Mertesacker, ehemaliger Spieler der deutschen National-
mannschaft sowie des FC Arsenal London[14], liefert ein Beispiel für unmoralisches
Verhalten nach der christlichen Ethik im Leistungssport Fußball. Er sagt, dass
ihm der Druck im Profifußball zugesetzt habe und er froh sei, wenn er seine Kar-
riere beende. Sein Körper reagierte oftmals mit Brechreiz und Durchfall, da der
Erwartungsdruck so groß war und er betonte, dass es null um Spaß gehe, sondern alles eine körperliche und mentale Belastung ist und er froh war, wenn er
sich eine Verletzung zugezogen hat, da er diese als Auszeit nutzen konnte. Der
psychische Druck ist sehr groß und Mertesacker behauptet, dass viele Verlet-
zungen daraus entstehen, was jedoch nie hinterfragt wird. Selbst bei Verletzun-
gen werden den Spielern oft Schmerzmittel verabreicht, damit sie spielen können, da es vorrangig um das Geld und den Ruhm geht. Mittlerweile hat er einen
Job als Nachwuchsleiter beim FC Arsenal London und möchte seine positiven
wie negativen Erfahrungen mit den jungen Talenten teilen. Junge Fußballer ten-
dieren dazu, alles auf eine Karte zu setzen, die Schule zu vernachlässigen und
sind oftmals Druck aus dem Elternhaus ausgesetzt. Dies führt dazu, dass sie sich
persönlich nicht entfalten können und ihrer Gesundheit enorm schaden.[15]

Die zweite Ethik beschreibt die somatische Ethik, welche ebenfalls einem objektivistischen Ansatz zu Grunde liegt. Der Fokus liegt auf dem Körper, das heißt
dem richtigen Umgang des Menschen mit seiner Physis. Der Grundgedanke dieser Ethik ist auf das alte Griechenland, vor allem Aristoteles und seinem Prinzip
der Mäßigung zurückzuführen. Dieses besagt, dass ein gesundes Ernährungs-
verhalten, eine „rechte" Ausübung der damals weit verbreiteten Gymnastik und
ein moralisch gutes Sexualverhalten moralisch akzeptiert sind und ein ungezü-
gelter Genuss von Speisen und Getränken eine Schädigung der Gesundheit sowie eine Verwilderung der Sexualität ethisch abgelehnt werden.[16]
Die richtige Ernährung ist auch heute elementarer Bestandteil vieler Sportvereine. Dies zeigt ein Beispiel des FC Liverpool, Fußballverein aus der englischen
Premier League, welcher eine Ernährungsberaterin angestellt hat, um die Leis-
tungsfähigkeit der Spieler zu erhöhen. Es werden regelmäßig Blutbilder erstellt,
jede Mahlzeit wird optimal auf den Nährstoffbedarf abgestimmt, und Tipps für das

---

[14] Vgl. transfermarkt (2020), (02.09.20, 10:00)
[15] Vgl. kicker (2018), (02.09.20, 10:13)
[16] Vgl. Meinberg, E. (1991), S. 9

Kochen zu Hause können jederzeit eingeholt werden. Der Trainer, Jürgen Klopp, sagte, dass dies einer der Gründe für die erfolgreichen Ergebnisse der letzten Jahre ist und die Regenerationszeit der Spieler enorm beschleunigt werden konnte. Dieses Beispiel zeigt auf, wie wichtig die Ernährung im Leistungssport ist und wie viel Einfluss sie auf die Gesundheit hat.[17]

Ein weiteres Element der somatischen Ethik ist die „rechte" Ausübung des Sports. Das bedeutet, dass bei jeglicher Sportart darauf geachtet werden sollte, dass die Trainingseinheiten so dosiert sind, dass keine körperlichen Schäden für den Athleten entstehen. Hierbei wird oft der Erfolg über die Gesundheit der Athleten gestellt, was das Interview mit Per Mertesacker widerspiegelt.

Die pädagogische Ethik verfolgt den subjektivistischen Ansatz und ist ebenfalls auf das alte Griechenland und Platon zurückzuführen. Er war davon überzeugt, dass der Sport den Charakter und die Persönlichkeit formt und Eigenschaften wie Tapferkeit, Mut, Weisheit etc. schult. Diese versetzen laut Platon den Menschen in die Lage, moralisch zu handeln.[18]

Die Olympischen Spiele entstanden ebenfalls im alten Griechenland und sind durch die pädagogische Ethik geprägt worden. Mittlerweile wurde das Konzept überarbeitet und ein neues Verständnis von Individuum, Subjekt und Pädagogik geschaffen, womit sich die olympische Ethik zum Nonplusultra der Sportethiken entwickelt hat. Die pädagogische Erziehung soll eine geistig-moralische Verbesserung der Athleten hervorrufen und somit die sportliche Leistung sowie den Charakter positiv beeinflussen. Durch Leistungen auf Höchstniveau wird das Selbst geformt, was letztlich die moralische und gleichzeitig pädagogische Wertigkeit des Spitzensports verdeutlicht.[19]

Dieser Ansatz findet sich in allen Sportarten wieder. Dennoch ist auch hierbei unmoralisches Handeln in einzelnen Fällen in Form von Manipulationen wie bspw. Doping festzustellen. Doping beinhaltet das Ziel, die sportliche Leistung mit nicht zugelassenen Medikamenten und Mitteln zu steigern, was der Idee des pädagogischen Leitbildes widerspricht. Die Behörden führen ständige Kontrollen durch, da der Drang zu dopen in den letzten Jahren stetig zugenommen hat. Seit 2004 wurden bisher 119 Medaillen aufgrund von Dopingnachweisen aberkannt.

---

[17] Vgl. 20min (2020), (02.09.20, 11:36)
[18] Vgl. Franck, E., P. (1997), S. 10-11
[19] Vgl. Metz, Dr. S. (2018), S. 14-15

Teilweise werden die Athleten erst viele Jahre später überführt, da sich die Analysemethoden ständig verfeinern und somit neue Abbauprodukte erfasst werden können. Dies zeigt ein Beispiel von drei chinesischen Olympia-Teilnehmerinnen, die im Jahr 2008 den ersten Platz beim Gewichtheben belegt hatten, woraufhin durch Nachkontrollen im Jahr 2017 festgestellt wurde, dass sie gedopt waren und die Medaillen daraufhin aberkannt wurden.[20] Ein weiteres Beispiel der Integration der pädagogischen Sportethik im heutigen Sport liefert die Tatsache, dass mit Hilfe von Regeln, wie Zeitstrafen, gelben und roten Karten, Geldstrafen etc. unmoralisches Handeln direkt bestraft und weitestgehend verhindert werden soll.

Das letzte Ethikkonzept nennt sich koexistentiale Sportethik. Hier liefern gesellschaftlich akzeptierte Regeln den Maßstab für moralisches Handeln. Meinberg entwickelte ein Konzept der koexistentialen Sportethik, welches bislang als innovativster Versuch auf dem Weg zu einer systematischen Sportethik gilt.[21] Er stellte fest, dass die Athleten aufgrund des Wandels der Wettkampfmoral, Manipulationsbereitschaft und Kommerzialisierung ein System benötigen, an dem sie sich orientieren können. Hierzu hat er die Moralvielfalt beachtet, die vielen, bereits existierenden Ethikkonzepte analysiert und in einzelne Bestandteile zerlegt. Anschließend hat Meinberg die wichtigsten Bestandteile zusammengefügt und in sein Konzept der koexistentialen Sportethik integriert. Daraus entstand eine Orientierungshilfe, in der sich Aspekte der Sportethik sowie Elemente außerhalb der Sportethik wiederfinden, welche sich gegenseitig beeinflussen. Insgesamt besteht keine einheitliche Definition von Moral, da jede Sportart die Begrifflichkeit Moral individuell bewertet, was bedeutet, dass jede Sportart diesen Moralkodex selbstständig, auf ihre eigene Art und Weise in das Regelwerk eingliedern muss.[22]

Ein Beispiel ist die Sportart Handball, welche die Elemente aus unterschiedlichen Ethikkonzepten kombiniert. Es herrscht ein festgeschriebenes Regelwerk, an das sich alle Mitwirkenden halten müssen, Fehlverhalten führt zu Zeitstrafen und Platzverweisen[23], und es werden regelmäßig Dopingkontrollen durchgeführt. Im Jahr 2019 wurden insgesamt 104 Trainingskontrollen und 202

---

[20] Vgl. zeit (2016), (02.09.20, 16:37)
[21] Vgl. Court, J. (1995)
[22] Vgl. Metz, Dr. S. (2018), S. 17-19
[23] Vgl. dhb (2020), (03.09.20, 10:29)

Wettkampfkontrollen durchgeführt.[24] Außerdem ist weiterer Bestandteil der Regeln, dass es nicht möglich ist, einen Spieler zum Wettkampf zu zwingen, wenn er sich physisch oder psychisch nicht in der Lage fühlt. Dies zeigt, dass Aspekte der pädagogischen Ethik mit Aspekten der somatischen Ethik kombiniert werden, was zu einem umfassenden Konzept der Sportethik führt.

Abschließend lässt sich zusammenfassen, dass alle vier Ethikkonzepte Anwendung im Sport finden. Der christliche sowie somatische Ansatz hält an seiner Theorie fest, was den Wandel im Sport nicht ausreichend berücksichtigt. Der pädagogische Ansatz ist Bestandteil jeder Sportart und durch das neue Verständnis von Individuum, Subjekt und Pädagogik eine interessante Theorie, an der sich Sportvereine orientieren können. Das Konzept, welches die aktuellen Themen der Sportwelt am detailliertesten beleuchtet, ist der koexistentiale Ansatz. Die Berücksichtigung von Elementen außerhalb der Sportethik sowie das Zusammenfügen der wichtigsten Bestandteile der einzelnen Ethikkonzepte stellt das vielfältigste Konzept dar, welches den Sportvereinen eine Richtlinie für moralisch korrektes Handeln liefert.

C3 – Thema „Nachhaltigkeit" bei Sportorganisationen

Der Begriff „Nachhaltigkeit" wurde im Laufe des 18. Jhd. in der Forstwirtschaft geprägt. Er kam zur Sprache aufgrund der Entstehung der Forstwirtschaft und der daraus entstandenen Herausforderung, den Nutzen des Waldes für den Menschen langfristig zu gewährleisten. Das bedeutet, es wurde lediglich nach der Sicherstellung ökologischer Ressourcen gestrebt.[25] In den 1970er und 1980er Jahren gab es erste Theorien der UN, dass die Herausforderungen der Armutsbekämpfung, der Umweltschutz und die wirtschaftliche Entwicklung allesamt mit dem Thema Nachhaltigkeit zusammenhängen. Hierzu wurde 1983 mit dem damaligen Umwelt- und Premierminister Gro Harlem Brundtland eine „Brundtland-Kommission" gebildet, welcher das Amt des Vorsitzenden ausübte. Diese Kommission veröffentlichte im April 1987 den „Brundtland-Bericht" mit der Überschrift „Unsere gemeinsame Zukunft", welcher den Begriff Nachhaltigkeit neu definierte

---

[24] Vgl. Statista (2020b), (03.09.20, 10:32)
[25] Vgl. Di Giulio, A. (2004), S. 17-18

und bis heute das Verständnis von Nachhaltigkeit abbildet. Nachhaltigkeit steht für „Bewahrung der Umwelt, Herstellung sozialer Gerechtigkeit und Gewährleistung politischer Partizipation." Zudem verweist der Bericht darauf, dass ein Ausgleich zwischen wirtschaftlichen, ökologischen und sozialen Zielen unter Beachtung der Generationengerechtigkeit gegeben sein muss. Das bedeutet im übertragenen Sinne, dass niemals das Risiko aufkommen darf, dass durch die Befriedigung der Bedürfnisse in der Gegenwart zukünftige Generationen bei der Bedürfnisbefriedigung Nachteile erfahren müssten.[26]

Aus dieser Definition hervorgehend lässt sich der Begriff Nachhaltigkeit in drei Komponenten aufteilen, nämlich in die ökonomische, ökologische und soziale Komponente, welche im folgenden Text näher erläutert werden.

Die ökonomische Komponente beschreibt den wirtschaftlichen Aspekt der Nachhaltigkeit. Hier besteht die Aufgabe darin, die Wirtschaftsweise so anzulegen, dass sie langfristig eine solide Basis für Erwerb und Wohlstand bietet und Erträge für die Zukunft gesichert werden können. Zudem werden die Ressourcen in einer nachhaltigen Gesellschaft effektiv eingesetzt und vor Ausbeutung geschützt.[27] Dabei ist es sehr wichtig, dass eine Gesellschaft nicht über ihre Verhältnisse lebt, da andernfalls die nächsten Generationen Einbußen hinnehmen müssten. Insgesamt lässt sich feststellen, dass eine Wirtschaft als nachhaltig gilt wenn sie dauerhaft betrieben werden kann.[28]

Als zweites ist die ökologische Komponente zu nennen, welche sich sehr stark an den ursprünglichen Gedanken der Nachhaltigkeit orientiert. Das Ziel ist es, Natur und Umwelt nur in dem Maße zu beanspruchen, in dem sie sich auch wieder regenerieren können, um den Erhalt für die nachfolgenden Generationen zu sichern. Dies umfasst die Sicherung der natürlichen Ressourcen wie Artenvielfalt, Luft, Kultur- und Landschaftsräume, Klima, Boden sowie einen allgemein schonenden Umgang mit der natürlichen Umgebung.

Zuletzt ist der soziale Aspekt anzuführen. Die soziale Komponente verfolgt das Ziel, eine zukunftsfähige, global gerechte und lebenswerte Gesellschaft zu schaffen.[29] Die Aufgabe ist es, einen fairen Zugang zu Chancen und Ressourcen innerhalb einer Gesellschaft sowie im globalen Verteilungskonflikt zwischen

---

[26] Vgl. Hardtke, A., Kleinfeld, A. (2010), S. 28-30
[27] Vgl. bund-bawue (2020), (06.09.20, 12:59)
[28] Vgl. thesustainablepeople (2020), (06.09.20, 13:23)
[29] Vgl. bund-bawue (2020), (06.09.20, 13:40)

reichen Industrieländern und armen Schwellen- und Entwicklungsländern für alle Personen zu schaffen. Des Weiteren bedeutet soziale Nachhaltigkeit eine gerechte Verteilung des Wohlstands der heutigen und zukünftigen Generationen.[30]

Nachdem der Begriff Nachhaltigkeit in der Theorie ausführlich erläutert wurde, widmet sich der weitere Text der Frage, wie Sportorganisationen ein Nachhaltigkeitsmanagement in der Praxis umsetzen. Hierzu werden verschiedene Sportveranstaltungen als Beispiele verwendet.

Zuerst wird die Sportorganisation FIFA einer näheren Betrachtung unterzogen, welche am 21. Mai 1904 in Paris gegründet wurde. Ausgeschrieben bedeutet FIFA: Federation Internationale de Football Association, was übersetzt internationaler Verband des Fußballs bedeutet. Die Organisation wurde mit dem Ziel ins Leben gerufen, die populärste Sportart der Welt zu organisieren.[31]

Als Beispiel eignen sich die Fußball-Weltmeisterschaften der letzten Jahre, welche allesamt von der FIFA organisiert und durchgeführt wurden.

Die WM 2006 in Deutschland dient hier als positives Beispiel. Zur Umsetzung des Nachhaltigkeitsmanagements entstand das Projekt „Green Goal", welches vor allem ökologische Ziele verfolgte, die erfolgreich umgesetzt wurden. Die WM wurde komplett klimaneutral ausgerichtet und es wurden Klimaschutzprojekte entwickelt, die in den nächsten Jahren ca. 100.000 Tonnen CO_2 einsparen werden. Ebenfalls wurden durch Maßnahmen wie dem Bau der größten Regenwasserzisterne eines Stadions in Europa, dem Einsatz von Mehrwegbechern und der Installation von Photovoltaikanlagen in den Stadien etc. im Bereich Wasser, Energie und Abfallvermeidung große Erfolge erzielt.[32]

Ganz im Gegenteil dazu lief die WM 2010 in Südafrika. Hier wurde ebenfalls ein Umweltkonzept namens „Green Goal 2010" entwickelt mit dem Fokus auf Gewässerschutz, Abfallmanagement, Schutz der Landschaftsarchitektur und Artenvielfalt, nachhaltiges Planen und Bauen etc.[33] Die südafrikanische Regierung investierte insgesamt 3,5 Milliarden Euro in Infrastruktur, neue Stadien, Flughäfen und das öffentliche Verkehrssystem. Im Nachhinein steht die Hälfte der zehn neugebauten Stadien leer und alle schreiben rote Zahlen. Der erhoffte

---

[30] Vgl. Ingerfurth, Prof. Dr. S. (2018), S. 18
[31] Vgl. FIFA (2020b), (07.09.20, 18:13)
[32] Vgl. bmu (2006), (07.09.20, 18:38)
[33] Vgl. FIFA (2011a), (07.09.20, 18:45)

Wirtschaftsaufschwung sowie das Entstehen neuer Arbeitsplätze blieb aus und der Imagegewinn des Kontinents Afrika ist für die größten Teile der Bevölkerung letztlich nicht spürbar.[34]

Die kommende Fußball-Weltmeisterschaft 2022 findet in Katar statt. Hierzu hat die FIFA, wie bei jeder Weltmeisterschaft, ein Nachhaltigkeitskonzept entwickelt, wie die ökologische, ökonomische sowie soziale Komponente in Katar positiv nachhaltig beeinflusst werden.[35] Ein Blick auf die Fakten zeigt, dass die Zweifel, was eine Weltmeisterschaft in Katar mit Nachhaltigkeit zu tun hat, gerechtfertigt sind. Es werden mitten in der Wüste neun neue Stadien gebaut, welche alle mit Klimaanlagen ausgestattet sein werden. Des Weiteren werden 112 Trainings-plätze, zahlreiche Hotels und Restaurants neu gebaut werden. Außerdem spielte der Fußball in Katar bislang überhaupt keine Rolle. Ob sich diese Rolle nach der Weltmeisterschaft ändern wird, bleibt ebenso zu bezweifeln. Ist dies nicht der Fall, so würden die neun Stadien leer stehen, nicht genutzt werden und lediglich der Sonne verfallen.[36] Die FIFA war sich dieser Fakten bewusst und wählte trotz-dem Katar als Austragungsort, was bedeutet, dass die nachhaltigen Kriterien wohl nicht ganz oben in der Prioritätenliste stehen.

Weitere Beispiele zum Thema Nachhaltigkeitsmanagement liefert die Olympi-ade, organisiert vom Internationalen Olympischen Komitee. Hier wurde kürzlich ein neuer Leitfaden zum Thema Nachhaltigkeit veröffentlicht, welcher es den Sportvereinen erleichtern soll, Nachhaltigkeit in die eigenen Organisationsent-scheidungen einzubeziehen. Er liefert einen Überblick über das Thema Nachhal-tigkeit, die Relevanz und wie sie sich innerhalb des Sports integrieren lässt.[37]

Daneben haben das IOC, internationale und nationale Fachverbände Umweltan-forderungen fest in ihren Grundsätzen sowie in den Vergabekriterien für Groß-veranstaltungen verankert. Unter die ökonomische Komponente fallen: Nachnut-zung, Folgekosten, Wertschöpfung und Beschäftigungseffekte. Soziale Aspekte sind: Verbesserung der Infrastruktur, Impulse für Stadt- und Regionalentwicklung sowie Identität und Beteiligung. Zuletzt ist die ökologische Komponente zu nen-nen, welche folgende Anforderungen betrachtet: Ressourceneffizienz, vor allem in Bezug auf Trinkwasser und Energie, Mobilität und Abfall.[38] Hieraus ist zu

---

[34] Vgl. dw (2014), (07.09.20, 18:55)
[35] Vgl. FIFA (2020c), (09.09.20, 10:32)
[36] Vgl. deutschlandfunkkultur (2018), (09.09.20, 10:45)
[37] Vgl. dosb (2018b), (09.09.20, 10:53)
[38] Vgl. green-champions (2010), (09.09.20, 11:09)

erkennen, dass sich das IOC der Wichtigkeit von Nachhaltigkeitsmanagement bewusst ist. Folglich werden Olympiaden der letzten Jahre als Beispiele angeführt, inwieweit das Kriterium Nachhaltigkeit bei der Planung und Durchführung Beachtung fand.

Die Sommerolympiade 2008 fand in Peking statt. Nach den Spielen sagte der damalige Präsident des IOC, Juan Antonio Samaranch, dass es die besten olympischen Spiele aller Zeiten waren. Alles lief pannenfrei ab, die Stadien genügten den Anforderungen des IOC und über sieben Millionen Menschen besuchten in 16 Tagen die Stadt. Zwölf Jahre danach stehen fast alle neugebauten Arenen leer und rotten vor sich hin. Dies widerspricht ganz klar einem nachhaltigen Konzept.[39]

Der nächste Blick auf eine nachhaltige Durchführung einer Sportgroßveranstaltung führt zu den Winterspielen 2014, die in Sotschi ausgetragen wurden. Sotschi war keineswegs für Wintersport bekannt, da die Temperaturen im Winter meist sehr mild sind. Damit das Konzept der Winterspiele umgesetzt werden konnte, wurde mit Kunstschnee gearbeitet, was einen hohen Energieverbrauch generierte. Die komplette Infrastruktur wurde neu erschaffen, womit ca. 20 Hektar Wald abgeholzt wurden. Mittlerweile stehen alle Stadien außer das Olympiastadion leer und sind ungenutzt, der erhoffte Tourismus bleibt aus und die Einwohner haben wenig von neu geschaffenen Jobs profitiert, da Einwanderer aufgrund geringerer Lohnforderungen bevorzugt wurden. Zudem verloren viele Einwohner ihre Wohnungen und mussten zwangsmäßig umsiedeln. Insgesamt hat das Konzept der Nachhaltigkeit in Sotschi komplett versagt.[40]

Das aktuellste Beispiel liefert die Vergabe der Winterspiele 2022 an Peking. Der Präsident des IOC, Thomas Bach, betonte die Nachhaltigkeit der Vergabe wie folgt: „Gewonnen hat mit dem Zuschlag der Ausrichtung der Winterspiele 2022 nicht nur Peking, sondern der Wintersport! Profitieren werden 300 Millionen Chinesen, die nach dem Sportspektakel ein riesiges Skigebiet, nur 200 Kilometer entfernt von ihrer Hauptstadt, nutzen können." In Anbetracht der Nachhaltigkeit wirkt eine weitere Vergabe olympischer Spiele an Peking fragwürdig. Es handelt sich um Winterspiele, wobei Peking, ähnlich wie Sotschi, bisher nicht als Ort für Wintersport genutzt wurde. Hier bedarf es wieder Kunstschnee und einer

---

[39] Vgl. welt (2018), (09.09.20, 11:47)
[40] Vgl. monami.hs-mittweida (2016), (09.09.20, 12:04)

gewaltigen Optimierung der Infrastruktur, was negative Konsequenzen für die Natur zur Folge hat. Außerdem gilt es, die soziale Nachhaltigkeit in Frage zu stellen, da bei der Entscheidung keinerlei Bürger involviert waren. Die anderen Bewerber scheiterten aufgrund ihrer demokratischen Politik und dem starken Einfluss der Bürger.[41] Wie bereits oben erwähnt, wird laut der Vergabekriterien bei einer Großveranstaltung auch die soziale Komponente berücksichtigt, welche das Wort Beteiligung beinhaltet. Dies wird in der Praxis nicht umgesetzt.

Es ist ein Trend zu erkennen, dass die Vergabe der olympischen Spiele an undemokratische Staaten erfolgt, da hier mit keiner bis geringer Gegenwehr gerechnet werden muss. Neubau von großen Stadien, Schaffung einer „besseren" Infrastruktur etc. kann somit unkomplizierter durchgesetzt und schneller vorangetrieben werden.

Ein letztes Beispiel liefert der DFB, welcher ebenso vorgibt, als Vorbild für Nachhaltigkeitsmanagement zu fungieren. Große Diskussionen lieferte ein Länderspiel im September 2020 gegen die Schweiz, das in Basel ausgetragen wurde. Drei Tage zuvor spielte die deutsche Mannschaft gegen Spanien in Wiesbaden. Die Distanz zwischen Wiesbaden und Basel beträgt 260 Kilometer. Dennoch flog die Mannschaft nach Basel und reiste nicht mit dem Bus, was einen erheblichen Unterschied der Produktion von schädlichen Emissionen ausmachte. Der DFB wies die Kritik zurück und verwies darauf, dass es aufgrund der Hygienemaßnahmen wegen des COVID-19 Virus und der Regeneration der Spieler die bessere Entscheidung war.[42] Dennoch ist verständlich, dass viele diesen Schritt nicht nachvollziehen können, da der DFB ebenso wie das IOC und die FIFA angibt, als großes Vorbild mit dem Thema Nachhaltigkeit umzugehen.

Zusammenfassend lässt sich sagen, dass das Thema Nachhaltigkeit den Sportorganisationen bewusst ist und alle bereits Maßnahmen ergriffen sowie Nachhaltigkeitskonzepte und -leitfäden aufgestellt haben. Sportveranstaltungen werden nur an Länder und Städte, die das Nachhaltigkeitskonzept umsetzen können, vergeben. Dennoch werfen die Veranstaltungen der letzten Jahre die Frage auf, wie stark die einzelnen Nachhaltigkeitskriterien gewichtet sind und wie sehr sie

---

[41] Vgl. tagesspiegel (2015), (09.09.20, 12:12)
[42] Vgl. eurosport (2020), (09.09.20, 13:03)

Einfluss auf die letztendliche Entscheidung nehmen. Mit Blick auf die nächste Weltmeisterschaft in Katar sowie die nächsten Winterspiele in Peking ist keine Aussicht auf eine stärkere Beachtung der Nachhaltigkeitskomponenten zu erkennen. Es bleibt anzuzweifeln, ob das Thema Nachhaltigkeit in Zukunft auch in der Praxis umgesetzt wird oder weiterhin nur auf dem Papier existiert.

Literaturverzeichnis

Balz, E., Borchardt, K. (2009), Sportentwicklung: Grundlagen und Facetten, 1. Auflage, Aachen: Meyer & Meyer Verlag

Court, J. (1995), Kritik ethischer Modelle des Leistungssports, 1. Auflage, Köln: Sport und Buch Strauß Verlag

Di Giulio, A. (2004), Die Idee der Nachhaltigkeit im Verständnis der Vereinten Nationen, 1. Auflage, Münster: LIT Verlag

Franck, E. (1997), Sportethik und Sportökonomik. Beiträge der Ökonomik zur Analyse ethischer Probleme des Sports, 1. Auflage, Freiberg: Technische Universität

Hardtke, A., Kleinfeld, A. (2010), Gesellschaftliche Verantwortung in Unternehmen: Von der Idee der Corporate Social Responsibility zur erfolgreichen Umsetzung, 1. Auflage, Wiesbaden: Springer Verlag

Ingerfurth, Prof. Dr. S. (2018), Nachhaltigkeitsmanagement im Sport – Titel-Nr. 1362-01, 1. Auflage, Riedlingen: SRH Fernhochschule

Meinberg, E. (1991), Die Moral im Sport. Bausteine einer neuen Sportethik, 1. Auflage, Aachen: Meyer & Meyer Verlag

Metz, Dr. S. (2018), Sportethik – Titel-Nr. 1357-01, 1. Auflage, Riedlingen: SRH Fernhochschule

Seewald, F., Kronbichler, E., Größing, S. (1998), Sportökologie: Eine Einführung in die Sport-Natur-Beziehung, 1. Auflage, Wiebelsheim: Limpert Verlag

Internetquellen

Bisp-sportinfrastruktur (2020), Sport – Umwelt – Naturschutz: Für eine neue Qualität der Zusammenarbeit, Zugriff am 31.08.2020, Verfügbar unter https://www.bisp-sportinfrastruktur.de/SharedDocs/Downloads/DE/Sportentwicklung/Naturschutz.pdf?__blob=publicationFile&v=1

Bmu (2006), Fußball-Weltmeisterschaft war auch für die Umwelt voller Erfolg, Zugriff am 07.09.2020, Verfügbar unter https://www.bmu.de/pressemitteilung/fussball-weltmeisterschaft-war-auch-fuer-die-umwelt-ein-voller-erfolg/

Bund-Bawue (2020), Nachhaltige Entwicklung, Zugriff am 06.09.2020, Verfügbar unter https://www.bund-bawue.de/themen/mensch-umwelt/nachhaltigkeit/begriff-nachhaltige-entwicklung/

Deutschlandfunk (2019), Klimasünder Fußballfan, Zugriff am 30.08.2020, Verfügbar unter https://www.deutschlandfunk.de/serie-endspiel-ums-klima-1-klimasuender-fussballfan.1346.de.html?dram:article_id=437166

Deutschlandfunkkultur (2018), Fußball in der Wüste, Zugriff am 09.09.2020, Verfügbar unter https://www.deutschlandfunkkultur.de/katar-investiert-milliarden-in-die-wm-fussball-in-der-wueste.976.de.html?dram:article_id=426654

DFB (2020), Umwelt, Zugriff am 31.08.2020, Verfügbar unter https://www.dfb.de/umwelt/start/

DHB (2020), Regelwerk, Zugriff am 03.09.2020, Verfügbar unter https://www.dhb.de/de/verband/schiedsrichter/regelwerk/

dosb (2009a), Bis zu 30.000 Euro Fördergeld für Umweltprojekte, Zugriff am 01.09.2020, Verfügbar unter https://www.dosb.de/sonderseiten/news/news-detail/news/bis-zu-30000-euro-foerdergeld-fuer-umweltprojekte/?no_cache=1&tx_news_pi1%5Bcontroller%5D=News&tx_news_pi1%5Baction%5D=detail&cHash=7865525ea1ac0c5142c92b8a196f7450

dosb (2018b), Das Inernationale Olympische Komitee (IOC) hat den ersten Leitfaden einer ganzen Serie zum Thema Nachhaltigkeit herausgegeben, Zugriff am 09.09.2020, Verfügbar unter https://www.dosb.de/sonderseiten/news/news-detail/news/ioc-veroeffentlicht-leitfaden-zu-nachhaltigkeit/?no_cache=1&tx_news_pi1%5Bcontroller%5D=News&tx_news_pi1%5Baction%5D=detail&cHash=39f64528b396d4b57a7f68b2f4404c54

dw (2014), Der lange Schatten der Fußball-WM, Zugriff am 07.09.2020, Verfügbar unter https://www.dw.com/de/der-lange-schatten-der-fußball-wm/a-17650667

Energiezukunft (2018), Bäume fällen für Olympia, Zugriff am 30.08.2020, verfügbar unter https://www.energiezukunft.eu/klimawandel/baeume-faellen-fuer-olympia/

Eurosport (2020), DFB und Thilo Kehrer wiesen Kritik für Flugzeug-Anreise zurück, Zugriff am 09.09.2020, Verfügbar unter https://www.eurosport.de/fussball/uefa-nations-league/2020-2021/dfb-flug-von-stuttgart-nach-basel-kritik-umwelt_sto7874422/story.shtml

FIFA (2011a), Nachhaltigkeitsbericht des Projekts „Green Goal 2010" von Kapstadt präsentiert, Zugriff am 07.09.2020, Verfügbar unter https://de.fifa.com/worldcup/news/nachhaltigkeitsbericht-des-projekts-greengoal-2010-von-kapstadt-prasent-1477401

FIFA (2020b), FIFA feiert 116. Geburtstag, Zugriff am 07.09.2020, Verfügbar unter https://de.fifa.com/who-we-are/news/fifa-feiert-111-geburtstag-2607270

FIFA (2020c), FIFA World Cup Qatar 2022, Zugriff am 09.09.2020, Verfügbar unter https://resources.fifa.com/image/upload/fifa-wm-katar-2022tm-zusammenfassung-der-nachhaltigkeitsstrategie.pdf?cloudid=bl0bgeroqdmxjme4sy7h

green-champions (2010), Nachhaltige Sportgroßveranstaltungen, Zugriff am 09.09.2020, Verfügbar unter https://www.green-champions.de/fileadmin/user_upload/Downloads/Doku_Symp_2010_gesamt.pdf

Information-Philosophie (2020), Claudia Pawlenka: Sportethik, Zugriff am 01.09.2020, Verfügbar unter https://www.information-philosophie.de/?a=1&t=2911&n=2&y=1&c=76

Ispo (2018), FENC fördert die Zusammenarbeit mit globalen Markenpartnern, Zugriff am 31.08.2020, Verfügbar unter https://www.ispo.com/trends/fussballtrikots-aus-ozeanplastik-innovatives-recyclingverfahren-von-fenc

Kicker (2018), Mertesacker über Druck: „Würgen, bis die Augen tränen", Zugriff am 02.09.2020, Verfügbar unter https://www.kicker.de/719183/artikel

Monami.hs-mittweida (2016), Das Problem der Nachhaltigkeit bei internationalen Großveranstaltungen im Sport. Ein Vergleich der olympischen Spiele in London 2012 und der olympischen Spiele in Sotschi 2014, Zugriff am 09.09.2020, Verfügbar unter https://monami.hs-mittweida.de/frontdoor/deliver/index/docId/7589/file/Michaela+Kuhn+Bachelorarbeit.pdf

Reportage.daserste (2020), Widerstand gegen Olympia und WM, Zugriff am 30.08.2020, Verfügbar unter https://www.deutschlandfunk.de/serie-endspiel-ums-klima-1-klimasuender-fussballfan.1346.de.html?dram:article_id=437166

s.bundesliga (2013), Bundesliga Umwelt Report, Zugriff am 31.08.2020, Verfügbar unter https://s.bundesliga.com/assets/doc/60000/50082_original.pdf

Statista (2020a), Durchschnittliche Zuschauerzahlen europäischer Fußballligen in der Saison 2019/2020, Zugriff am 28.08.2020, Verfügbar unter https://de.statista.com/statistik/daten/studie/806121/umfrage/europaeische-fussballligen-durchschnittliche-zuschauerzahlen-pro-spiel/

Statista (2020b), Anzahl der Dopingkontrollen im Handball in Deutschland im Jahr 2019, Zugriff am 03.09.2020, Verfügbar unter https://de.statista.com/statistik/daten/studie/246424/umfrage/dopingkontrollen-in-deutschland-im-handball/

Tagesspiegel (2015), Erst die Spiele, dann die Moral, Zugriff am 09.09.2020, Verfügbar unter https://www.tagesspiegel.de/politik/olympische-winterspiele-in-peking-erst-die-spiele-dann-die-moral/12132468.html

thesustainablepeople (2020), Das drei Säulen Modell der Nachhaltigkeit, Zugriff am 06.09.2020, Verfügbar unter https://thesustainablepeople.com/das-drei-saeulen-modell-der-nachhaltigkeit/

Transfermarkt (2020), Per Mertesacker – Spielerprofil, Zugriff am 02.09.2020, Verfügbar unter https://www.transfermarkt.de/per-mertesacker/profil/spieler/6710

Welt (2018), Weiße Elefanten – so verroten die Stadien in Peking, Zugriff am 09.09.2020, Verfügbar unter https://www.welt.de/sport/article180774592/Olympische-Spiele-2008-Weisse-Elefanten-so-verrotten-die-Stadien-in-Peking.html

Zeit (2016), Der schwarze Medaillenspiegel, Zugriff am 02.09.2020, Verfügbar unter https://www.zeit.de/sport/2016-08/doping-medaillen-olympia

20min (2020), Für Klopp ist diese Frau sein Top-Transfer, Zugriff am 02.09.2020, Verfügbar unter https://www.20min.ch/story/fuer-klopp-ist-diese-frau-sein-top-transfer-183887268799